HENRI D'OLIER

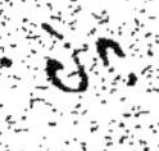

HENRI D'OLIER

HENRI D'OLIER

Notre pauvre ami D'OLIER a succombé, mardi dernier, à une fièvre typhoïde, dont il avait contracté les germes dans le service de l'hôpital Saint-Antoine où il remplissait les fonctions d'interne depuis le 1er janvier de cette année.

Après avoir éprouvé pendant une semaine les symptômes d'un embarras gastrique et avoir gardé la chambre quelques jours, d'Olier voulut reprendre son service. Il retourna à l'hôpital le 24 janvier. Cet effort l'abattit. Quand il vint, ce jour-là, nous voir, nous le trouvâmes extrêmement fatigué, amaigri, et nous insistâmes vivement pour qu'il prit du repos. Durant quatre jours encore, les symptômes furent légers ; le jeudi, un de ses amis le trouva lisant la description du *typhus levissimus*, au sujet duquel il fit quelques remarques, en plaisantant. Son imagination n'était nullement frappée. Le lendemain, les phénomènes s'aggravèrent : aucun doute n'était plus possible. Pendant plusieurs jours, tout semblait indiquer une fièvre typhoïde régulière ; mais, bientôt, des troubles cérébraux survinrent, le dé-

lire se substitua à un subdélirium, en apparence peu in-
quiétant, et en quelques heures arriva l'issue fatale !

D'Olier n'avait que 24 ans. Il appartenait à la famille
médicale par son père, l'un des médecins les plus dis-
tingués d'Orléans, et par son oncle, notre ami le D^r
Cotard, ancien interne des hôpitaux.

Reçu interne, dans les premiers, à la fin de 1879,
d'Olier choisit l'un des services de Bicêtre, le nôtre. Pendant toute l'année 1880, nous avons été à même, plus
que personne, d'apprécier les éminentes qualités qui le
distinguaient.

D'une intelligence supérieure, possédant déjà une
solide instruction, l'esprit ouvert à toutes les idées gé-
néreuses, doué d'une grande aptitude au travail, d'Olier
s'acquitta courageusement de ses fonctions, dans ce milieu si triste, si horrible, qui s'appelle la section des Épi-
leptiques. Il nous seconda de toute son activité, constamment prêt à accomplir tout ce qu'exigeait le service
et, non content d'exécuter le programme des travaux
convenus entre nous, provoquant sans cesse de nou-
veaux sujets d'étude.

C'est à cette entente si agréable qui régnait entre
nous, que sont dus plusieurs travaux insérés dans le
Progrès médical et dans les *Archives de Neurologie*
et diverses communications à la *Société anatomique* et
à la *Société de biologie*. Nous devions réunir nos travaux et divers autres mémoires, et publier une monogra-
phie de l'*hystérie chez l'homme*. Le *Progrès médical* perd en lui un de ses meilleurs rédacteurs.

D'Olier voulut encore utiliser une autre partie des do-
cuments qui nous étaient communs et déposa pour le
concours du prix Esquirol, un mémoire nourri de faits
intéressants et plein d'aperçus ingénieux, nés d'une
lecture assidue des ouvrages spéciaux.

Enfin, dans cette même année, il subit plusieurs examens de doctorat, afin d'être libre et tout à fait en mesure de s'adonner sérieusement aux travaux de laboratoire.

Peu de mois s'étaient écoulés que l'ami avait remplacé le chef de service. Aussi d'Olier me tenait-il au courant de ses projets d'avenir. A ses études cliniques, à ses travaux de laboratoire, il voulait ajouter l'expérience que donnent les voyages scientifiques à l'étranger. Et, dans ce but, il s'adonnait avec ardeur à l'étude de l'anglais.

Comme on le voit, notre ami poursuivait l'idéal qui anime, excite et grandit les esprits virils.

Ainsi que nous le rappelait un ami commun, d'Olier aimait à se prodiguer. C'est ainsi qu'il avait entrepris la tâche laborieuse d'établir une table analytique des œuvres d'Auguste Comte, et qu'il avait accepté de faire des cours à l'*Union française de la jeunesse*, qui cherche à répandre l'instruction populaire et à contribuer à faire des citoyens dévoués à la Patrie et à la République ; car d'Olier était ardent patriote et républicain. — C'est ainsi qu'il avait réorganisé la Bibliothèque médicale de Bicêtre et qu'il avait consenti, avec sa bonne grâce habituelle, à faire quelques leçons aux élèves de l'Ecole des infirmières de Bicêtre, à la place de son collègue, notre ami M. Poirier, éloigné de son enseignement par une fièvre scarlatine. — C'est ainsi enfin que le dernier jour de sa sortie, il est allé à l'Assistance publique plaider la cause de ses collègues. C'est de là, après qu'on lui eût fait subir une longue attente, qu'il rentra tout grelottant chez lui pour n'en plus sortir.

Tout le monde l'aimait : les malades, pour son dévouement sans bornes ; — les employés, pour l'aménité inaltérable de son caractère et pour les services qu'il leur rendait si obligeamment, en les soignant eux et leurs familles ; — ses collègues, pour les qualités brillantes de son esprit, pour son caractère élevé, indépendant, pour la bonté inépuisable de son cœur !

S'il était une consolation capable d'adoucir la douleur de son père, de sa pauvre aïeule désespérée, de ses oncles qui l'ont soigné avec une sollicitude qui ne s'est pas démentie un seul instant, elle se trouverait dans ce concours empressé de tous ces maîtres, de tous ces amis qui ont voulu donner un dernier témoignage d'affection à notre cher et regretté d'Olier.

BOURNEVILLE.

12 février 1881.

Obsèques de Henri d'Olier.

Le 10 février, à onze heures, ont eu lieu les obsèques de notre malheureux ami. Sa famille ayant tenu à avoir auprès d'elle, à Orléans, le corps de ce fils si tendrement aimé et sur lequel elle avait fondé de si justes espérances, la cérémonie a dû se faire à la maison mortuaire.

Cette cérémonie, toute intime, réunissait cependant une assistance nombreuse, car amis, anciens maîtres, collègues de l'internat, tous avaient voulu lui dire un dernier adieu.

M. Chantemesse, son ami et collègue de l'hôpital Saint-Antoine, a pris le premier la parole au nom du corps de l'internat.

Messieurs,

Il y a quelques jours à peine, d'Olier était au milieu de nous plein de santé et de bonne humeur, et maintenant la nouvelle foudroyante de sa mort est venue brusquement jeter le deuil parmi tous.

Depuis un an, nous avons pleuré Herbelin, Millet, Philippe Lavallée, Verneuil, Poulin ; aujourd'hui c'est d'Olier, et peut être d'autres encore demain. A chaque nouveau malheur, le souvenir des pertes anciennes se réveille et se dresse plus douloureux, et si quelque chose peut apporter, je ne dis pas une consolation, mais un peu d'apaisement, c'est la pensée qui revient sur l'ami disparu, qui redit ses qualités connues de tous, et le remet sous les yeux comme aux meilleurs jours de l'intimité.

D'Olier n'avait que des amis. Sa simplicité, sa bienveillante franchise, son amour du travail le faisaient rechercher de tous ses collègues, aimer de tous ses maîtres, et ceux qui l'approchaient de près admiraient son intelligence qui se passionnait pour les grandes idées, et la noblesse de son caractère.

Reçu interne dans les premiers, il choisit aussitôt l'hospice de Bicêtre, persuadé qu'il trouverait là un vaste champ d'étude et de recherches. On connaît ses nombreuses publications dans le *Progrès médical*, les *Archives de Neurologie*, où il écrivait sous la direction d'un ami plutôt que d'un maître. C'est encore à Bicêtre qu'il a réuni les matériaux de son remarquable mémoire pour le prix Esquirol. Une observation patiente, un style précis et élégant, une énergique volonté semblaient lui promettre dans la voie des concours, où il s'engageait résolûment, une rapide carrière.

Cette activité, ce besoin de recherches personnelles sont connus de tous, non moins que sa douceur pour les malades et son dévouement pour ses amis, allant jusqu'à l'oubli de soi-même.

D'Olier était bon, franc et généreux. Il laisse derrière lui des regrets et des douleurs qui ne s'apaisent pas. Puisse ce témoignage universel aider sa famille à supporter son terrible malheur.

Au nom de ses camarades et de ses amis, je viens lui dire un dernier adieu. Sa mémoire restera chère à notre cœur, et nous garderons de son exemple, un ineffaçable souvenir.

M. Farabeuf, d'une voix profondément émue, a prononcé ensuite ce discours :

Mon jeune ami qui ne peux plus m'entendre, n'as-tu pas souvent récité ces beaux vers ?

> Mon beau voyage encore est si loin de sa fin !
> Je pars, et des ormeaux qui bordent le chemin
> J'ai passé les premiers à peine.
> Au banquet de la vie à peine commencé,
> Un instant seulement mes lèvres ont pressé
> La coupe en mes mains encore pleine.
> Je ne suis qu'au printemps, je veux voir la moisson ;
> Et, comme le soleil, de saison en saison,
> Je veux achever mon année.

Hélas, tu n'as pas achevé ton année. — Tu ne verras

même pas grandir la moisson que tu avais généreusement semée et qui ne mûrira pour personne. Ta chère aïeule, ton père, tes oncles, tes amis sont désespérés. Tes collègues de l'internat, qui pourtant devraient s'habituer aux deuils, sont ici les larmes dans les yeux.

Messieurs, cette douleur est le plus bel éloge de notre jeune ami.

Je l'ai beaucoup connu.

C'était une nature d'élite.

Je l'ai vu commencer ses études avec d'heureux dons naturels, et se développer ensuite, à la fois du côté de l'intelligence et du côté du cœur. Rien ne lui était étranger.

Ce n'était point un de ces âpres qui ne se ruent au travail que pour gagner tôt et beaucoup.

Certes, l'étude professionnelle l'occupait surtout. Mais il aimait les arts, l'histoire, la philosophie. Son esprit attiré par les grands problèmes s'était émondé de bonne heure, pour s'arrêter à la doctrine positive. Il avait trouvé là, et là seulement, ce qu'il cherchait avec avidité : des idées générales rationnelles et humaines, ainsi que la culture indispensable à tous ceux qui, comme lui, ont à cœur de former leur jugement moral et d'entretenir la droiture et la délicatesse de leur conscience.

Ne vous étonnez donc pas d'avoir connu d'Olier affable, doux, serviable, rendant spontanément et à n'importe qui, ces petits services obscurs et discrets qui sont la marque des cœurs dévoués. Pour lui, le prochain n'était pas un vain mot. C'est pourquoi, Messieurs, tous nos cœurs sont ouverts à sa mémoire. Que la jeunesse est respectable quand elle obéit ainsi aux plus nobles passions et donne de tels exemples !

Maintenant, dévorons l'amertume de cette mort qui nous enlève l'un des meilleurs d'entre nous. Et n'emportons d'ici que ces paroles qui me semblent sortir du cercueil : « O mes amis, travaillez pour être utiles et soyez bons ; aimez-vous et servez-vous les uns les autres. C'est la loi humaine et la vraie source du bonheur. »

M. Hallopeau, chef de service de d'Olier à l'hôpital Saint-Antoine, s'est exprimé dans ces termes :

Messieurs,

La mort d'Henri d'Olier sera douloureusement ressentie par tous ceux qui l'ont connu, car il était essentiellement bon, honnête, sympathique et, à tous égards, bien doué. Sa nomination à l'internat ne remontait guère à plus d'une année, et déjà ses publications l'avaient classé parmi ceux qui doivent marquer dans notre profession. Il avait compris quel parti un interne, muni de la solide instruction que lui a donnée le concours, peut tirer de son service en utilisant et mettant en œuvre l'ample moisson de faits intéressants qui lui passent sous les yeux; ses communications à la *Société de biologie*, ainsi que ses publications dans les *Archives de Neurologie* et le *Progrès médical* témoignent d'un bon esprit scientifique et d'un réel talent d'observation ; elles permettent de dire que sa mort est une grande perte non seulement pour les siens, mais aussi pour notre science.

Cette mort devra être mise, comme tant d'autres, sur le compte de notre profession : une épidémie typhoïde règne en ce moment dans le quartier Saint-Antoine; c'est là, c'est dans nos salles encombrées de typhiques que, selon toute vraisemblance, notre malheureux ami a contracté le germe de sa maladie, et nous ajouterons que, si elle a revêtu une forme ataxique et s'est compliquée d'accidents nerveux d'une intensité exceptionnelle, c'est sans doute sous l'influence des fatigues cérébrales que, tout dernièrement, d'Olier s'est imposées pour terminer un important mémoire de concours : *De la coexistence de l'épilepsie et de l'hystérie chez les mêmes malades.*

Tous les efforts tentés pour amener la fièvre à un type régulier ont été impuissants et d'Olier a été enlevé à l'affection de sa famille, de ses maîtres et de ses amis au moment où, après avoir beaucoup appris, il commençait à produire. Il restera dans nos mémoires comme le modèle de l'interne consciencieux et travailleur, et il y laissera des regrets qui ne s'effaceront qu'avec nous.

La cérémonie s'est terminée par le discours suivant, prononcé par M. P. Laffite.

Messieurs,

Permettez-moi, au nom de tous les positivistes, et en mon nom personnel, d'ajouter quelques mots aux discours qui viennent d'être prononcés.

Lorsque nos pères mouraient pour la défense de la patrie, on disait avec raison qu'ils étaient morts au champ d'honneur. C'est, en effet, un des plus nobles privilèges de la civilisation humaine, et spécialement de la civilisation militaire, que celui qui consiste à donner sa vie pour l'accomplissement d'un devoir. Mais c'est une erreur de croire et de soutenir, comme on l'a fait même de nos jours, qu'un tel privilège n'appartenait qu'au régime militaire. La civilisation pacifique qui peu à peu surgit, conserve ce noble attribut d'imposer des devoirs qui n'ont d'autre sanction que la mort. Depuis l'office de l'ingénieur jusqu'à celui du charpentier ou du mineur, elles ne manquent pas les fonctions où l'homme joue sa vie ! Dans aucune, cependant, il ne la joue peut-être au même degré que dans la profession médicale, dans aucune il n'affronte aussi constamment la mort.

Cette carrière, notre jeune ami Henri d'Olier l'avait choisie, et, après beaucoup d'autres, il est mort victime de sa profession, sans autre récompense que celle du devoir accompli et l'estime motivée des gens de cœur.

Mais il est un autre point de vue que je dois faire ressortir.

M. Henri d'Olier n'avait pas seulement accepté des devoirs professionnels ; il était de ceux, plus rares, que leur nature éminente destine à intervenir aussi dans les affaires générales de la patrie et de l'humanité. Adepte sincère et dévoué du Positivisme, il se préparait dans l'étude à servir la cause à laquelle il s'était voué. Déjà même il la servait, quand la mort nous l'a brusquement enlevé, à peine âgé de vingt-quatre ans.

Une des imperfections les plus graves auxquelles nous soyons soumis, et assurément l'une de celles qu'il nous coûte le plus d'accepter sans indignation, est cette répartition brutale et absurde qui se fait entre les hommes, de la mort et de la vie, qui prend avant l'heure les nobles natures et épargne, en dehors même des criminels, des parasites qui sont le fardeau de la société. C'est ce qui, une fois de plus, vient de se réaliser. Or, quand on considère l'extrême complexité de notre civilisation, et tout ce qu'il faut réunir de conditions diverses pour produire ceux qui peuvent effectivement la servir : combinaison des qualités natives, situation convenable, culture appropriée, et j'en passe, ce n'est pas sans une amertume profonde qu'on voit disparaître inopinément une force si difficile à créer.

Ceux qui sont capables de prévoir la nature du fruit dès la fleur et qui ne se laissent point leurrer par le fantôme d'une égalité chimérique, ceux-là sentiront combien réelle et profonde est la perte que nous éprouvons dans la personne d'Henri d'Olier, de cet homme tout jeune encore, qui, après avoir vécu pour la famille et l'amitié, se préparait à vivre — et il en était digne — pour la Patrie et l'Humanité.

PARIS. — IMP. V. GOUPY ET JOURDAN, RUE DE RENNES, 71.